Pan hecho en casa

Título de la edición original: Pain Cocotte

Es propiedad
© Éditions La Plage, Rue du Parc, 34200 Sète, Francia

Derechos vendidos a través de la Agente Ximena Renjifo

© Fotografías de Myriam Gauthier-Moreau

© de la edición en castellano, 2012:
Editorial Hispano Europea, S. A.
Primer de Maig, 21 - Pol. Ind. Gran Via Sud
08908 L'Hospitalet - Barcelona, España.
E-mail: hispanoeuropea@hispanoeuropea.com
Web: www.hispanoeuropea.com

© de la traducción Pilar Guerrero

Depósito Legal: B. 3627-2012

ISBN: 978-84-255-2023-5

Consulte nuestra web:
www.hispanoeuropea.com

Impreso en España
Limpergraf, S. L.
Mogoda, 29-31 (Pol. Ind. Can Salvatella)
08210 Barberà del Vallès

10

Pan hecho en casa

Nathalie Nagy-Kochmann

Fotografías de Myriam Gauthier-Moreau

HISPANO
EUROPEA

¿Qué es una *cocotte*?

La *cocotte* es una olla de hierro colado originaria de Francia, y muy popular entre los chefs de todo el mundo, porque aporta un sabor incomparable a las comidas.

Está pensada para distribuir el calor de manera homogénea, conservando así las cualidades nutricionales de los alimentos, en particular de las vitaminas y los ácidos grasos.

Cocinando en este tipo de olla, no se requiere el uso de muchos líquidos ni grasas, ya que su diseño permite que los alimentos se guisen perfectamente sin apenas líquidos.

Además, la *cocotte* conserva el calor mucho tiempo, incluso fuera del fuego. Este tipo de marmita de hierro se usa solo con fuegos lentos y medios.

Su acabado vitrificado previene la formación de composiciones perjudiciales para la salud. Pueden lavarse en el lavavajillas sin problema alguno y admite todo tipo de fuentes de calor: gas, vitrocerámica, inducción, etcétera.

Existe una famosa marca francesa de este tipo de ollas que se comercializa también en España, además de otras marcas con precios asequibles.

Importante

La fermentación, los tiempos de cocción, así como la calidad del pan que se reflejan en esta obra, responden a los resultados obtenidos mediante la utilización de una verdadera *cocotte* de hierro colado. Si se utiliza una olla que no sea de hierro colado, los tiempos de cocción y los resultados pueden variar.

¿Por qué hacer el pan en una *cocotte*?

La cocción de panes y bollos en *cocotte* presenta numerosas ventajas. Esta técnica se aplica tanto al pan de levadura natural y al cocinado con levadura química. La *cocotte* se usa también para el proceso de fermentación, además de la cocción propiamente dicha. Gracias a ella, ahorramos en cacharros de cocina, y el horno siempre queda completamente limpio después de hacer el pan; no tiene termostatos complejos que nunca logramos calibrar en la justa medida, ni se usa el vapor, que requiere cantidades precisas de agua... Con la cocción en esta olla las condiciones de temperatura y humedad son óptimas y los panes obtenidos presentan una miga ligera y esponjosa, deliciosamente escondida bajo una crujiente y dorada capa. El uso de la *cocotte* no impide el empleo de panificadoras para trabajar la masa, si queremos el máximo de comodidad, pero sin duda nos hará olvidar las barras industriales medio crudas o medio quemadas, que se ponen duras en poco tiempo o que se vuelven elásticas como un chicle, con la miga densa como una suela y que no crujen de ningún modo.

Os invito a utilizar los mejores ingredientes para las veinte recetas que siguen: harinas recién molidas provenientes de la agricultura ecológica, semillas y aromas frescos... Con ello recuperaremos el maravilloso olor, sabor y forma de un alimento de toda la vida, que suscita las mejores emociones.

Índice

Para triunfar con el pan hecho en casa

Los ingredientes

Las harinas biológicas

Las harinas ecológicas están exentas de todo tipo de conservantes y pesticidas. Por ello, hay que tomar algunas precauciones a fin de conservarlas mejor. Deben guardarse herméticamente, al abrigo de la luz, la humedad y el calor. En verano lo mejor es meterlas en la nevera.

Las harinas se clasifican según su tasa de extracción (T). Cuánto más elevada sea ésta, más integral será y más rica en nutrientes. La harina que conserva una parte de la cáscara debe ser imperativamente ecológica, ya que los pesticidas se adhieren a dicha capa. Además, la mayoría de las harinas empleadas en estas recetas solo se encuentran entre los productos procedentes de la agricultura ecológica.

A menudo utilizo harinas semiintegrales (T110) que presentan la ventaja de no ser excesivamente rústicas y así suben con más facilidad, conservando al mismo tiempo todos los beneficios de la semilla, que se concentran en su cáscara. Prefiero no bajar de la T65, que es la más conveniente para la bollería, por ejemplo. Para los panecillos que deben quedar de un tono más blanco, sin llegar a caer en harinas completamente desprovistas de sus beneficios, uso la T80.

En la actualidad existe una gran variedad de harinas procedentes de cereales o legumbres. Me gusta, particularmente, **la harina de espelta**, antiguo cereal que ya consumían nuestros ancestros. Hay diversos tipos de espelta, como la escanda mayor y la menor. La escanda mayor es la más corriente para hacer pan. Éste es un cereal muy rico en proteínas, con fuertes tasas de magnesio, siendo un alimento ideal para afrontar las largas jornadas de trabajo, así como para deportistas, gracias a sus azúcares lentos.

La harina de centeno que uso, T130 o T150, aporta un toque campesino a los panes, ya que la proporción de germen presente en la harina es mucho más elevado. Su empleo clásico se ciñe al tradicional pan con nueces, pero la verdad es que puede usarse en muchas otras combinaciones afortunadas. Su gluten, indispensable para la panificación, es menos elástico que el del trigo o el de la espelta, reteniendo menos humedad. Así, la masa realizada con harina de centeno es más densa y más húmeda, y por tanto el pan será menos esponjoso. En este sentido, hay que recordar que en la elaboración de panes de centeno no interesa añadir harina ni pasarse con ella.

El alforfón, que también se conoce impropiamente como «trigo negro» y como «sarraceno», es una planta de la familia de las poligonáceas. La verdad es que ni es una gramínea, ni tampoco es trigo propiamente dicho, ni siquiera se trata de un cereal. Desprovista de gluten, la harina de alforfón no es panificable por sí sola. Hay que mezclarla forzosamente con otras harinas ricas en gluten, en proporciones que no excedan 1/5 del peso total de la harina. Esta proporción también se-

Quinoa

Espelta

Castaña

Centeno

Kamut

rá válida para las harinas de quinoa, **castaña** y **cebada**.

La quinoa es una planta de la familia de las quenopodiáceas particularmente nutritiva, con una tasa de proteínas que hace las maravillas de los vegetarianos. Su sabor es delicado pero pronunciado, y su harina debe usarse con parsimonia en la preparación de panes.

La harina de kamut, variedad ancestral de trigo duro cultivado en el antiguo Egipto, tiene un delicioso sabor que recuerda a las nueces, aportando al pan un sabor sutil y una textura muy ligera. Es rica en proteínas, del 20 al 40 por ciento más que su pariente el trigo. Además, es una buena fuente de aminoácidos esenciales y de ácidos grasos poliinsaturados. Rico en selenio, el kamut es un notable aliado en las enfermedades cardiovasculares, luchando también contra los radicales libres.

La cebada es un antiguo cereal que en la actualidad se cultiva poco para el consumo humano. Es rica en proteínas y fibras, que la hacen fácil de digerir. Es el alimento básico de los tibetanos. También se usa para la fabricación de la malta, para hacer cerveza y whisky. Tiene propiedades ligeramente laxantes y su tasa de calorías es moderada: 123 kcal por cada 100 gramos.

La harina de castaña, exenta de gluten, no se puede panificar sola y tiene un color grisáceo, así como un olor característico. Mezclada con otra harina panificable en su justa proporción, del 20 al 30 por ciento según los gustos, proporciona al pan un sabor muy particular que suele apreciarse mucho en invierno, acompañando platos consistentes o simplemente con miel.

La levadura

Podemos elaborar nuestra propia levadura en casa mezclando agua, harina y miel y dejando que fermente. Pero en la actualidad es tan fácil conseguir levadura, incluso biológica, que no merece la pena. Las proporciones serán siempre las mismas: 2,5 cucharaditas por cada 450 g de harina, o 3 cucharaditas cada medio kilo de harina. También podemos encontrar levaduras a base de trigo, espelta, centeno o alforfón; la elección es una cuestión de gustos, y lo más aconsejable es ir probando. De manera general, las recetas aquí presentadas están elaboradas con levadura de trigo, en ocasiones de espelta, pero en todos los casos se precisará el tipo de levadura empleada.

La levadura química

Suelo usar levadura SAF-Instant, que se adquiere fácilmente en las tiendas de productos biológicos. Pero cuidado, no hay que confundirla con la levadura que se usa para los pasteles. En este caso se trata de una levadura pastelera en bolsitas de 11 gramos. Ésta tiene la ventaja de no necesitar rehidratación alguna. Como en el caso de la levadura natural, basta con mezclarla con la harina sin necesidad de sal.

El gluten

En ciertas recetas recomiendo añadir una pequeña cantidad de gluten, que ayudará a que se levanten los panes de harinas muy integrales o con harinas no panificables. Lo podemos encontrar en bolsitas en las tiendas de productos biológicos; se conserva muy bien en casa y también podemos usarlo para más cosas, como la elaboración casera de seitán (una alternativa vegetal a la carne).

La sal

El uso de la sal es muy importante para una buena panificación. No solo sirve para dar un sabor salado, sino que participa en la correcta fermentación y en la conservación del pan. A pesar de todo, no conviene abusar de ella, así que solo uso dos cucharaditas de sal gris no refinada en la elaboración de panes salados o neutros, y una sola cucharadita en los panecillos dulces y en la bollería. Hay que tener la precaución de que la sal no entre en contacto directo con la levadura, porque el pan subirá menos al impedir la correcta fermentación. Yo siempre mezclo primero la levadura con la harina y más tarde añado la sal.

El azúcar o la miel

Algunas recetas recomiendan el uso de azúcar y otras de miel, como en algunos panecillos salados, para dar un toque diferente. Es el caso del pan con castañas y manzanas. En otros casos sirven para endulzar verdaderamente los panecillos. En el caso de la miel, conviene que usemos una que sea de nuestro gusto, porque el sabor de la miel en el pan queda muy pronunciado, así que mejor que nos guste el tipo de miel empleada. A mí, particularmente, me gustan las mieles fuertes, como la de castaño. En cuanto al azúcar, siempre es preferible utilizar uno sin refinar. En todos los casos, no hay que abusar de los edulcorantes porque enmascaran el sabor natural de las harinas empleadas. El azúcar debe mezclarse con los ingredientes en seco, antes de añadir ningún tipo de líquido. En cambio la miel debe ser diluida en agua tibia o en leche.

Las semillas y los frutos secos

Las semillas y los frutos secos
Para la guarnición de los panes, todas las excentricidades están permitidas. Se trata de dejar volar la imaginación... Podemos jugar con la mezcla de sabores, con la estética y con las texturas, escogiendo pistachos, por ejemplo, que aportan un divertido toque picante a la miga, o preferir el punto agridulce de los arándanos. Sea lo que sea, nunca deberemos sobrecargar la masa porque le costará levantarse. Generalmente, las dosis se dan en puñados, a razón de dos o tres.

Las hierbas aromáticas

La gran pregunta es: ¿es mejor usar hierbas frescas o secas? Pues todo depende de la estación del año, de la forma en que dichas hierbas se suelan consumir habitualmente, etcétera. Por mi parte, siento predilección por las hierbas frescas cuando se trata de albahaca, cebollino, estragón o perejil. Pero el tomillo, el romero, el hinojo y otras por el estilo son mejores secas. Podemos encontrar hierbas aromáticas con facilidad en todas las tiendas de comestibles y en los comercios de productos ecológicos, y todas ellas se incorporan a las masas del pan.

Amasar y cocer

La técnica del amasado es la misma para todas las masas y preparaciones, salvo para los panes que llevan mantequilla (o margarina vegetal). En efecto, éstos reclaman un amasado más largo para que la margarina o la mantequilla quede perfectamente aglutinada; además, este tipo de materias grasas deberá incorporarse poco a poco, paulatinamente, para conseguir una masa homogénea y que no quede pegajosa.

En cualquier caso, conviene calentar ligeramente los líquidos o las grasas que vayamos a emplear, sin dejar que lleguen a estar calientes, dado que la levadura perdería su capacidad para desarrollar la fermentación y levantar la masa.

Se deben mezclar todos los ingredientes secos juntos: harina, sal, azúcar, levadura, especias, frutos secos, hierbas aromáticas... Si la receta lleva huevos, fruta fresca picada o purés oleaginosos, éstos se incorporarán una vez que los ingredientes secos estén totalmente mezclados.

Se empieza a trabajar la masa, que al principio es arenosa y nada homogénea. Luego se incorporan los elementos líquidos (agua, leche, zumos de fruta o verdura) o la miel, cuando es el caso. Por lo general, hay que poner la mitad del total de líquido en la masa seca para poderla empezar a aglutinar, añadiendo el resto a medida que la harina lo va absorbiendo. Dicha absorción no será la misma según el tipo de molido de la

El pan *poolish*

El *poolish* es una técnica polaca mediante la cual se consigue una masa madre de tipo blando. Consiste en mezclar harina, un poco de algún tipo de levadura (natural o química) y agua. La masa resultante se deja reposar en un entorno cálido unas doce horas. El pan elaborado con esta técnica se aproxima mucho al que podría conseguirse con levadura fresca, dado que los ingredientes fermentados durante doce horas pueden desarrollar aromas especiales. Además, esta técnica permite reducir la cantidad de levadura total empleada en la elaboración de la masa para el pan.

La fermentación lenta

Igual que con la técnica del *poolish*, la fermentación lenta que tiene lugar durante la segunda fermentación –o en la primera para los bollos– permite un período total de fermentación más largo, consiguiendo así el desarrollo de más aromas. Por otra parte, esta técnica permite realizar la masa del pan la víspera, y dejarla lista para cocer por la mañana. Esto conviene a las personas con poca disponibilidad, pues las diferentes etapas se pueden dividir en dos días. Esta espera, en realidad, nos permite ganar tiempo.

harina y hay que tenerlo en cuenta. El nivel de absorción también puede modificarse según la humedad que haya en la cocina, según la temperatura y según muchos otros elementos. Así, las cantidades de líquido presentadas en esta obra son solo indicativas (se dan en gramos: 1 g = 1 ml), y a cada cual corresponde apreciar la buena textura de la masa que se ha preparado. Cuando la masa se vuelve homogénea, elástica y ya no es pegajosa, podemos añadir las guarniciones (semillas, nueces, o fruta fresca a trozos, lo que sea), así como la mantequilla blanda y a trozos, en diversas fases.

Si la masa nos queda homogénea pero no es elástica y parece un mazacote, hay que ir añadiendo pequeñas cantidades de líquido al mismo tiempo que vamos amasando, hasta que se absorba todo y consigamos elasticidad.

Mucho cuidado al incorporar productos húmedos, como la fruta fresca a trozos, pues pueden humedecer la masa más de la cuenta y entonces habrá que añadir harina hasta que la masa no sea pegajosa o calcular menos líquido para compensar el agua propia de la guarnición.

Cuando ya tengamos una masa elástica, suave, homogénea y que no se pegue, la pondremos en una fuente y la espolvorearemos ligeramente con harina.

La primera fermentación: el hinchado
Se cubre la masa con un paño limpio y seco manteniéndola a una temperatura de unos 27 °C durante dos horas. Para conseguir que la masa se levante de la forma más eficaz posible, sean cuales sean las condiciones meteorológicas, lo mejor es poner la fuente tapada con el paño dentro del horno apagado, al lado de un tazón de agua muy caliente. El calor y la humedad aportan todos los elementos necesarios para una buena fermentación de la masa.

La segunda fermentación: el apresto
Transcurridas dos horas, la masa debe haber doblado su volumen. Entonces hay que romperla. Es decir, hay que amasarla de nuevo para expulsar el gas carbónico que ha producido la levadura. A esta operación se la denomina desgasificación. En este momento es cuando daremos forma definitiva al pan.

Si cocemos el pan en una *cocotte* u olla, tendremos que hacer una bola de masa con la parte inferior un poco aplastada y colocarla dentro de la olla, previamente recubierta de papel de cocción. En el resto de casos, daremos al pan la forma deseada (alargada, en trenza, etcétera) y la colocaremos sobre la placa del horno forrada con papel. En todos los casos descritos, una vez dada la forma al pan, volveremos a cubrirlo con el paño seco y limpio y a meterlo en el horno apagado durante 45 minutos, en iguales condiciones que durante la primera fermentación.

Precauciones

No debemos caer en la tentación de poner más levadura de la cuenta creyendo que así nos quedará un pan más esponjoso. En el mejor de los casos, el pan quedará con un sabor desagradable y, en el peor, se chafará, consiguiendo el efecto inverso. Si nos ocurre que el pan no se nos levanta convenientemente, puede deberse a varias razones. La masa puede haber recibido un golpe de frío, con lo cual no se levantará porque para hacerlo necesita un poco de calor. Una vez se haya levantado, la masa no debe exponerse jamás a corrientes de aire, porque se chafará irremediablemente y no habrá forma de hacerla crecer.

Como la levadura haya entrado en contacto directo con la sal, ya podemos olvidarnos de un pan decente, porque la sal destruye la capacidad de la levadura para hinchar la masa. La incorporación de un líquido más caliente de la cuenta en la masa, matará el pan; para verificar la correcta temperatura de cualquier líquido que vayamos a incorporar, meteremos un dedo en él sin que nos queme.

También puede suceder que la masa no se levante mucho tras la primera fermentación; pero mientras se haya levantado un poco y se hayan formado agujeritos por debajo de la masa, no habrá problema: simplemente nos ha salido un pan perezoso. Se levantará más durante la segunda fermentación e incluso durante la cocción. Pero en el caso de que la masa no se levante en ninguna de las fases, la razón será alguna de las expuestas antes, o bien el mal estado de conservación de la levadura empleada.

La levadura no es difícil de conservar mientras que esté en un recipiente bien cerrado y al abrigo de la luz. Sin embargo, hay levaduras muy caprichosas que deben gastarse en cuarenta y ocho horas, porque pasado ese tiempo se arruinan. Lo mejor es comprar bolsitas individuales de las cuales gastaremos una cada vez, así el resto se conserva perfectamente.

El moldeado

La cocción en *cocotte* aporta al pan la mejor textura y aroma, pero no permite variaciones en cuanto a la forma del pan: ¡todos serán redondos! No obstante, podemos jugar con las incisiones o con pequeñas variaciones de la forma redonda. Por ejemplo, podemos hacer un óvalo o jugar con la forma esférica haciendo lo que yo llamo «racimos», que consiste en hacer bolitas de masa unidas entre sí para formar un racimo redondo. A parte de la simpática forma que tiene, el pan resultante es muy práctico porque no hay que cortarlo: se van arrancando bolitas. De este modo, en un solo pan tendremos

panecillos individuales que se conservan muy bien.

Si disponemos de una *cocotte* grande (mínimo cuatro litros) podemos hacer roscones o coronas. Basta con hacer un agujero central en la masa o colocar un bol o un recipiente redondo que aguante la temperatura de la cocción. Solo hay que vigilar que dicho recipiente esté calentito durante la segunda fermentación. Las diferentes formas con las que podemos jugar pueden ser aplicadas a todo tipo de panes, sin que haya incidencia en el modo de cocción ni en las diversas etapas de la panificación.

La cocción en *cocotte*

La mayoría de los panes salados aquí expuestos, así como los panecillos neutros, serán cocidos en una olla de hierro colado. Este pan presenta una corteza muy crujiente y una miga de textura excepcional, llena de preciosos agujeros. Además, este tipo de cocción no requiere vigilancia alguna, pudiéndonos dedicar a lo que nos apetezca durante los 50 minutos de horneado. Si es posible, hay que usar una verdadera *cocotte* para que el pan no se nos quede pegado al fondo, y usar siempre papel sulfurizado.

Se pueden utilizar diversos formatos de *cocotte*, si tenemos varias en casa o nos las pueden prestar, porque así podremos hacer panes de tamaños y formas diferentes. Yo uso una *cocotte* de 4,1 litros (27 cm de diámetro) para hacer panes alargados, perfectos para cortar rebanadas y untarles cosas. Para los panes regordetes, basta con una *cocotte* de 3 litros: obtendremos panes redondos que podrán partirse sin cortar gracias a las incisiones hechas con el cuchillo sobre la masa.

En el caso del resto de los panecillos individuales y los bollos de Viena, los datos se precisarán en cada caso.

Si queremos hacer panecillos individuales, dividiremos la masa tras la segunda fermentación en 8 ó 10 bolas, haciendo con ellas panes pequeños. Los dejaremos levantarse en las mismas condiciones que el resto de panes y precalentaremos el horno a 220 °C. Mientras, haremos incisiones estéticas en cada panecillo y los pintaremos con un poco de agua y un pincel para humedecerlos. Luego hornearemos de 15 a 20 minutos tras haber pulverizado las paredes del horno con agua.

Las incisiones en el pan

Hacer incisiones en el pan antes de hornearlo le permitirá levantarse armoniosamente y dará personalidad a cada pan. Podemos hacer las incisiones de diferentes maneras, con dibujos de lo más variado. Para ello, los profesionales utilizan un escarificador, que es un cuchillo parecido a una navaja de afeitar, pero un buen cuchillo afilado sirve perfectamente para el pan casero. En función del efecto deseado, podemos usar un cuchillo bien afilado o unas tijeras. Si queremos hacer cruces y rayas sobre el pan, usaremos un cuchillo, pero si queremos hacer bolas y salientes, serán mejor las tijeras. Las tijeras que usemos para hacer pan deberán quedar reservadas para este fin. Hay que recordar que los panes hechos con bolas unidas, presentan la ventaja de cocerse como un pan redondo normal, con su capa externa bien crujiente y la conservación perfecta, pudiendo individualizarse con usar solo las manos. Se pueden hacer bolas unidas, o bien podemos ir dando tijeretazos sobre la

masa para que se formen cuadrados que se levantarán por separado.

Es muy importante hornear el pan inmediatamente después de hacer las incisiones, de lo contrario puede chafarse y ya no se levantará de ningún modo.

Tras la cocción

Para verificar la cocción de nuestro pan, lo sacaremos de la *cocotte*, le daremos la vuelta y le daremos unos golpecitos en la base: tiene que sonar a hueco.

Cuando el pan ya está cocido, hay que sacarlo rápidamente de la olla, retirar el papel de cocción y dejar que se enfríe sobre una parrilla, fuera del horno. Si no hacemos esto, la humedad generada por la cocción dejará nuestro pan blando y elástico como un chicle.

Lo ideal es dejar que el pan se haya enfriado completamente antes de partirlo, porque se conservará mucho mejor, aunque es muy difícil resistirse a la tentación de comerse un trozo de pan recién salido del horno, con su maravilloso olor y su textura crujiente.

Conservación

El pan hecho con levadura se conserva fácil y bien. Basta con envolverlo en un paño de algodón limpio y seco cuando esté completamente frío. Cuando ya lo hemos partido o le hemos cortado alguna rebanada, colocaremos el lado cortado –el de la miga– encarado a un plato y luego le pondremos el paño por encima. Lógicamente, el pan deja de ser crujiente a lo largo de los días, pero nunca se secará antes de una semana.

El robot panificador

Prefiero, de lejos, los panes amasados a mano por razones gustativas y sensoriales. Pero quien prefiera ahorrarse el esfuerzo y usar un robot panificador, puede hacerlo para el primer amasado y después, tras la primera fermentación, retomar el proceso antes de la segunda fermentación.

En todo caso, da igual como se amase, las proporciones de levadura serán las mismas, aunque quizá haya que prestar un poco de atención a la incorporación de líquidos, porque según la marca del robot, los resultados pueden variar.

Las incisiones que practiquemos en nuestro pan le darán personalidad y permitirán que suba mejor

El pan de cada día

PAN DE CENTENO

La vida moderna nos impone un ritmo infernal y, lógicamente, nuestra manera de comer y de preparar los alimentos son viva prueba de ello. Con este pan nos tomaremos el tiempo de hacer las cosas bien hechas, con calma, apreciando y beneficiándonos de todos sus beneficios, sabores y texturas.

Los panes que suben lentamente pueden desarrollar aromas muy agradables y conservar las mejores cualidades nutricionales. Tras la cocción, si acercamos la oreja, podremos oír como el pan canta...

- **350 g de harina T65**
- **75 g de harina de centeno T130**
- **2,5 cucharaditas de levadura natural**
- **1,5 g de sal**
- **250 g de agua tibia**

Lo que podemos meterle dentro
Semillas de lino
Pipas peladas
Pipas de calabaza
Nueces
Uvas
Avellanas

Mezclar las harinas con la levadura y luego la sal. Empezar a trabajar la masa incorporando el agua lentamente, por fases. Cuando la masa sea flexible y no se pegue a las manos, añadiremos la eventual guarnición, amasando más para que ésta quede bien repartida.

Dejaremos que la masa levante durante 1 ó 1 hora y media.

Pasado ese tiempo, romperemos la masa, la trabajaremos otra vez y formaremos una bola. El pan formado se colocará en la *cocotte*, tapado con un paño y se reservará en la nevera (o en fresco) durante 12 horas. Al cabo de ese tiempo, practicaremos incisiones y lo hornearemos en la *cocotte* tapada, a 240 °C. El tiempo de cocción es de 50 minutos.

Finalmente, sacaremos el pan de la olla y lo dejaremos enfriar sobre una parrilla a temperatura ambiente.

PAN DE SALVADO

El salvado, o afrecho, es la cáscara de los cereales. Podemos encontrar fácilmente salvado de trigo y de avena; buscando un poco también encontraremos salvado de espelta. Aquí trabajaremos con salvado de trigo pero podemos sustituirlo por cualquier otro salvado.

El salvado es rico en fibras y vitaminas, particularmente las del grupo B, buenas para las uñas y los cabellos, así como para las mujeres embarazadas, que pueden sustituir la ingesta de ácido fólico por este pan, que tiene ácido fólico entre sus vitaminas.

Para la levadura *poolish*:

- 150 g de harina T65
- 150 g de agua tibia
- ½ cucharadita de levadura

Para el pan:

- 230 g de harina T80
- 70 g de harina T110
- 1,5 cucharadita de levadura
- 1,5 cucharadita de sal
- 1 cucharadita de miel
- 170 g de agua
- 20 g de salvado

Para un pan aún más saludable, añadir algunas ciruelas pasas a la masa, a razón de una decena, cortadas a láminas o a trocitos.

Mezclar todos los ingredientes de la *poolish*, cubrir con un paño limpio y seco y dejar reposar 12 horas. Por la mañana, mezclar la *poolish* con el resto de ingredientes que componen el pan.

Para la masa del pan, mezclar las harinas con la levadura y la sal. Añadir la *poolish* y trabajar la masa incorporando lentamente el agua con la miel. Dejar que se levante en un ambiente cálido, unas 2 horas. Después romper la masa y darle forma al pan. Colocarlo en la *cocotte* forrada con papel y dejar que se levante 45 minutos más. Realizar las incisiones con un cuchillo, tapar y meterla en el horno frío. Cocer 45 minutos a 240 °C. Sacar el pan de la *cocotte* y dejar que se enfríe sobre una parrilla.

PAN SEMIINTEGRAL DE ROMERO SECO

Este pan es perfecto para acompañar ensaladas frescas de verano, o para los platos de invierno, porque el romero seco está a nuestro alcance todo el año.
Con un poco de imaginación, oiremos a los grillos cantar...

- 500 g de harina T110
- 3 cucharaditas de levadura natural
- 2 cucharaditas de sal
- 300 g de agua tibia
- 2 cucharadas soperas de romero seco

Lo que podemos ponerle para sustituir el romero seco
Nueces
Albaricoques
Uvas
Higos
Aceitunas

Mezclar la harina con la levadura química y la sal. Añadir la levadura natural y empezar a trabajar la masa. Incorporar progresivamente el agua. Cuando la masa sea flexible y homogénea, dejar levantar en ambiente cálido 1 hora y media.
Romper la masa y formar una bola. Colocar el pan formado en la *cocotte* forrada, tapar y meter en la nevera 12 horas. A la mañana siguiente, practicar las incisiones y hornear en la *cocotte* tapada con el horno aún frío. Cocer 50 minutos a 240 °C. Dejar enfriar el pan sobre una parrilla.

PAN INTEGRAL DE ESPELTA

Adoro la harina de espelta porque proporciona panes de miga extraordinariamente ligera y sabrosa: La masa de espelta queda mucho más flexible que la de trigo, gracias a lo cual podemos usar harina integral para hacer panes que gustarán a toda la familia.

- 500 g de harina de espelta T110
- 3 cucharaditas
  de levadura natural
- 1 cucharadita de gluten
- 2 cucharaditas de sal
- 300 g de agua

Lo que combina con esta masa
Hinojo y piel de naranja
o de limón picados.
Podemos usar la harina de espelta
para todas las recetas con harina
de trigo, sustituyéndola.

Mezclar las harinas con la sal y la levadura. Trabajar la masa durante 10 minutos añadiendo lentamente el agua. Cuando la masa sea flexible y homogénea, ponerla en una fuente, taparla con un paño y dejar que se levante a temperatura cálida durante 2 horas.

Romper la masa y darle forma de bola. Colocar la bola en la olla forrada y dejar reposar 45 minutos más. Hacer las incisiones en el pan con un cuchillo bien afilado, tapar la *cocotte* y meterla en el horno aún frío.

Cocer 50 minutos a 240 °C. Dejar que el pan se enfríe sobre una parrilla antes de cortar las rebanadas, ideales para untar con queso fresco, por ejemplo, o con guacamole.

PAN MORENO CON NUECES

Éste es el justo punto intermedio entre un pan integral y uno refinado. La harina T80 presenta ciertos nutrientes presentes en las harinas integrales, pero se levanta con mayor facilidad que éstas y la miga del pan resultante es más blanca y más suave, seduciendo así a los amantes de las *baguettes* corrientes. Si queremos acostumbrarnos a comer pan integral, éste es un paso intermedio que nos ayudará a cambiar de hábitos.

Por otra parte, este pan puede acompañar todo tipo de platos, salados, dulces, entrantes y postres.

- **450 g de harina T80**
- **2,5 cucharaditas de levadura natural**
- **290 g de agua**
- **2 cucharaditas de sal**
- **1 puñado de nueces**

¿Qué podemos meterle dentro?
1 puñado de almendras
1 puñado de avellanas
En verano, la masa puede estirarse antes de la segunda fermentación y repartir por encima una cucharada de pesto, enrollando la masa como un brazo de gitano. Así se la deja levantarse por segunda vez, haciendo una bola, y la horneamos como de costumbre.

Mezclar la harina con la sal y la levadura. Amasar incorporando progresivamente el agua. Cuando la masa es homogénea y flexible, añadir las nueces y trabajar de nuevo para repartirlas bien por toda la masa. Dejar reposar en caliente durante 2 horas.

Romper la masa y formar una bola con ella. Colocarla en la *cocotte* forrada con papel sulfurizado, tapar y dejar que fermente por segunda vez 45 minutos, dentro del horno frío. Después, hornear 50 minutos a 240 °C. Sacar el pan y dejar que se enfríe sobre una parrilla.

PAN DE KAMUT

La harina de kamut aporta mucha dulzura a las masas de pan. Este cereal, primo hermano del trigo, procura al pan una miga suave y golosa, ligeramente amarilla.

Para el *poolish* (que se preparará 12 horas antes):
- **150 g de harina de espelta T70**
- **150 g de agua tibia**
- **½ cucharadita de levadura natural**

Mezclar todos los ingredientes, tapar y dejar reposar toda la noche, o 12 horas.

- **240 g de harina de espelta T70**
- **60 g de harina de kamut**
- **1,5 cucharaditas de sal**
- **1,5 cucharaditas de levadura natural**
- **1 cucharadita de miel de flores**
- **100 g de agua tibia**
- **50 g de leche (de vaca o avena)**
- **La levadura *poolish* que hemos hecho**

Mezclar las harinas con la sal y la levadura. Diluir la miel en una mezcla a base de agua y leche. Empezar a trabajar la masa incorporando la *poolish* a las demás harinas, y añadiendo progresivamente el líquido. Dejar que se levante durante 2 horas. Romper la masa y trabajar nuevamente. Formar una bola y colocarla en la olla forrada con papel de cocción. Dejar que se levante por segunda vez, durante 45 minutos. Después, practicar las incisiones en el pan, tapar la *cocotte* y meterla en el horno frío. Cocer 50 minutos a 240 °C. Sacar el pan y dejar que se enfríe sobre una parrilla.

Lo que le podemos meter por dentro
30 g de higos bien picaditos.

CORONA DE CEREALES Y SEMILLAS

Los panes con cereales se han convertido en un clásico en todas las panaderías, pero su composición siempre es un misterio. Podemos encontrar pan de cereales en todas las tiendas de productos biológicos: panes de un cereal concreto o de mezclas de hasta siete cereales, cuyas harinas son más o menos integrales. No debemos dudar en leer atentamente la composición de estas mezclas y acabar escogiendo la que más nos apetezca.

- **500 g de harina de cereales (mezcla ya preparada, de venta en tiendas de productos biológicos, por ejemplo)**
- **3 cucharaditas de levadura natural**
- **300 g de agua**
- **2 cucharaditas de sal**
- **2 ó 3 puñados de semillas variadas (sésamo, lino, amapola...)**

Mezclar las harinas, la sal y la levadura. Incorporar progresivamente el agua hasta que la masa no sea pegajosa y resulte flexible. Añadamos entonces las semillas a nuestro gusto. Tapar con un paño limpio y seco para dejar que se levante la masa a temperatura cálida, durante 2 horas.

Romper la masa y formar una corona con ella, colocándola en una *cocotte* grande (de 4 litros).

Poner un bol envuelto en papel de cocción en medio de la corona, que sea capaz de soportar la temperatura del horno, para que no se pierda la forma de rosca. Dejar que levante la masa por segunda vez durante 45 minutos, a temperatura cálida, metida en la *cocotte*. Luego, tapar la *cocotte* y meterla en el horno frío. Hornear 50 minutos a 240 °C. Sacar la corona y dejar que se enfríe sobre una parrilla. Atención: este tipo de pan en corona requiere una olla grande del tamaño adecuado.

Panes especiales

PAN INTEGRAL DE CASTAÑA CON MANZANAS

Si hay un pan de otoño por antonomasia, ése es el pan de castaña con manzanas. El sabor característico de las castañas, refrescado en su punto justo con la acidez de las manzanas a trozos, es toda una deliciosa experiencia reservada a los principiantes. Ya sea para acompañar una sopa en la cena, tras un paseo por el bosque, o para hacerse una tostadita con miel, este pan será siempre apreciado por todos.

- **270 g de agua tibia**
- **420 g de harina de espelta semiintegral T110**
- **80 g de harina de castañas**
- **1 cucharadita de gluten**
- **2 cucharaditas de sal**
- **3 cucharaditas de levadura natural**
- **200 g de manzanas**

Para hacer este pan más goloso, podemos añadirle unas avellanas, unos trocitos de castaña cocidas o asadas, o algunos trozos de manzana deshidratada.

Mezclar las harinas con la sal, el gluten y la levadura. Empezar a trabajar la masa añadiendo el agua progresivamente. Antes de que la masa tenga la consistencia deseada, desde el punto de vista de la humedad, incorporar los trocitos de manzana. Reajustar después la cantidad de agua necesaria. Dejar que la masa suba durante 2 horas, en caliente.

Romper la masa y formar una bola. Colocarla en una *cocotte* forrada con papel de cocción y dejar que fermente 2 horas más. Luego se le dan unos cortes a la masa, se tapa la olla y se mete en el horno frío. Cocinar a 240 °C durante 50 minutos y luego dejar que el pan se enfríe sobre una parrilla.

PAN DE AZAFRÁN CON ALMENDRAS

Éste es un pan delicadamente coloreado y con aromas de azafrán. Haciendo un postre con esta especia preciosa, se me ocurrió la idea de asociar el sutil sabor de la almendra con la elegancia del azafrán. Crujiente al tacto, dulce de sabor, de agradable color para que entre por los ojos, este pan despierta todos los sentidos...

Para permitir que desarrolle todos sus aromas, el pan se tiene que hacer a partir de una *poolish*.

Para la levadura *poolish*:
- **150 g de harina de espelta T70**
- **150 g de agua tibia**
- **½ cucharadita de levadura natural**

Para el pan:
- **240 g de harina de espelta T70**
- **60 g de harina de centeno T130**
- **1,5 cucharaditas de sal**
- **1,5 cucharaditas de levadura natural**
- **1 cucharadita de miel del bosque**
- **120 g de agua**
- **1 dosis de azafrán en polvo**
- **3 puñados de almendras enteras**

Este pan acompañará perfectamente una comida especiada, dado que el azafrán es una especia dulce y suave, que contrasta de maravilla con un *curry*, por ejemplo. En invierno, los colores y las sensaciones aportadas por este pan levantarán los ánimos de los nostálgicos del verano.

Mezclar todos los ingredientes para hacer la *poolish* y reservar 12 horas al abrigo de las corrientes de aire. A la mañana siguiente, mezclar la *poolish* con el resto de ingredientes.

Mezclar las harinas con la sal, la levadura natural y la *poolish*. Mezclar el azafrán con el agua y la miel. Empezar a trabajar la masa incorporando el líquido progresivamente. Una vez la masa adquiera una buena consistencia, se añaden las almendras. Dejar que se levante 2 horas.

Romper la masa y hacer una bola. Colocarla en una *cocotte* forrada y dejar que fermente por segunda vez en caliente, durante 45 minutos. Tapar la olla y meterla en el horno frío. Luego hornearemos 50 minutos a 240 °C. Sacaremos el pan y lo dejaremos enfriar sobre una parrilla.

PAN DE QUINOA CON HIGOS Y AVELLANAS

La quinoa posee un sabor natural próximo al de las avellanas, pero con una textura muy diferente. Si las combinamos, se aumenta el sabor de la avellana y el pan adquiere un toque crujiente. En cuanto a los higos, combinan estupendamente tanto con el pan como con las avellanas, por lo tanto, ésta es una unión perfecta y equilibrada de sabores y texturas.

- 400 g de harina T110
- 80 g de harina de quinoa
- 3 cucharaditas de levadura natural
- 1 cucharadita de gluten
- 2 puñados de higos secos
- 2 puñados de avellanas
- 300 g de agua tibia
- 2 cucharaditas de sal

Reemplazar los higos y las avellanas por albaricoques maduros: su sabor combina muy bien con el de la quinoa.

Mezclar las harinas con la sal y la levadura, incorporando el agua progresivamente de manera que la harina vaya absorbiendo correctamente el máximo de líquido posible. Cuando la masa sea flexible y no se pegue a las manos, se añaden los higos y las avellanas. Dejar que se levante durante 1 hora y media, en caliente.

Romper la masa y formar una bola con ella; ponerla en una *cocotte* forrada con papel de cocción. Tapar y meter en la nevera 12 horas.

Luego se practican las incisiones, se vuelve a tapar y se hornea 50 minutos a 240 °C, introduciendo la olla en el horno aún frío. Finalmente, se deja enfriar el pan sobre una parrilla.

PAN INTEGRAL DE ZANAHORIAS CON NUECES

Este pan nació de mi deseo de complacer a los amigos, lo cual dice mucho de mi concepción de la cocina. El pan permite compartir juntos un alimento sencillo y beneficioso para la salud. El zumo de zanahoria le aporta un bonito color a la miga y, al mismo tiempo, todos los beneficios de ese tubérculo. Éste es un pan para consumirlo sin moderación alguna...

- **500 g de harina de espelta T110**
- **3 cucharaditas de levadura natural**
- **2 cucharaditas de sal de Guerande (o Maldon)**
- **300 g de zumo de zanahoria**
- **20 nueces**
- **1 cucharada sopera de miel**

Otros frutos secos combinan bien con este pan, así como especias diversas que harán de este pan una golosina: canela, hinojo...

Mezclar el zumo de zanahoria y la miel, calentándolas un poco para que se mezclen de manera homogénea, pero sin dejar que el líquido se queme. Mezclar la harina con la sal y la levadura, con cuidado de que la sal y la levadura no entren en contacto directo. Añadir progresivamente el zumo y trabajar la masa alrededor de 10 minutos. Ésta deberá quedar flexible y no pegarse a las manos. Se incorporan entonces las nueces. Colocaremos la masa en una fuente tapada, en un entorno caliente, y dejaremos que fermente durante 2 horas.

Romper la masa y formar una pelota, que pondremos en la *cocotte* forrada con papel sulfurizado. Tapar la olla y dejar que fermente por segunda vez durante 45 minutos. Luego se practican las incisiones en el pan con un cuchillo bien afilado. Taparemos la *cocotte* y la meteremos en el horno frío. Regular el termostato a 240 °C y hornear 50 minutos.

Para saber si el pan está cocido, le daremos palmaditas en la base que deberá sonar a hueco. Dejamos el pan enfriarse sobre una parrilla.

Panecillos dulces

PANETTONE

Este *panettone* no es clásico, dado que no lleva mantequilla, pero es tan delicioso como el tradicional italiano. Lo que le da carácter a este panecillo son los frutos secos y los confites que lleva por dentro. En este caso, la miga obtenida es esponjosa gracias a la cantidad de huevos empleada, sin dejar de ser una cantidad razonable.

- **500 g de harina T65**
- **80 g de azúcar integral**
- **1,5 cucharaditas de levadura química**
- **1 cucharadita de sal**
- **3 huevos**
- **140 g de leche tibia (vegetal o no)**
- **3 puñados de almendras picadas o fileteadas**
- **3 puñados de naranja confitada**
- **2 puñados de pasas de Corinto**
- **1 puñado de limón confitado**

¡Atención! La presencia de huevos en la masa requiere vigilancia, porque puede quedar cocida por fuera y cruda por dentro. No dudemos, pues, en levantar la tapa de la *cocotte* tras los primeros 15 ó 20 minutos de cocción, para saber si es necesario bajar la temperatura del horno o si debemos dejarla tal cual.

Mezclar la harina con el azúcar, la sal y la levadura. Cascar los huevos y añadirlos a la mezcla de harina. Empezar a trabajar la masa incorporando la leche progresivamente. Cuando la masa se vuelva flexible y homogénea, se añaden los ingredientes del relleno. Dejar que fermente en un entorno caliente durante 2 horas.

Romper la masa y formar una bola grande, o diversas pequeñas. Colocar el *panettone* (o los *panettones*) en una *cocotte* forrada con papel de cocción y dejar que fermente por segunda vez durante 45 minutos.

Tapar la olla y meterla en el horno frío. Ajustar entonces la temperatura a 240 °C y hornear 40 minutos con la olla tapada o de 15 a 20 minutos para los *panettones* individuales. Dejar que se enfríen sobre una parrilla.

PANECILLO CON PASAS

Éste es un clásico de las panaderías y de las tiendas de productos biológicos. Es la leche la responsable de que estos panecillos tengan una miga tan esponjosa. Con poco azúcar, este pan se puede tomar solo o en rebanadas untadas con puré de almendras, por ejemplo.

- **500 g de harina T65**
- **100 g de pasas**
- **2 cucharadas soperas de azúcar moreno**
- **1 cucharadita de sal**
- **3 cucharaditas de levadura natural**
- **300 g de leche (vegetal o no)**

Para unos panecillos más esponjosos, añadir un huevo o dos a la masa, pero entonces habrá que tener en cuenta que con el líquido aportado por los huevos deberá disminuirse la cantidad de leche.

Mezclar la harina con la sal, el azúcar y la levadura. Amasar incorporando paulatinamente la leche tibia. Cuando la masa sea flexible y homogénea, se añaden las pasas. Dejar fermentar 2 horas en un ambiente cálido.

Romper la masa, hacer con ella una bola y colocarla en una *cocotte* forrada. Dejar que fermente por segunda vez durante 45 minutos. Tapar la olla y meterla en el horno frío. Cocer a 240 °C durante 40 ó 50 minutos. Dejar que se enfríe sobre una parrilla.

TRENZA DE ACEITE DE OLIVA CON VAINILLA

En la cocina actual se emplea mucho aceite de oliva dada, la buena reputación de la que goza en cuanto a beneficios para nuestra salud. Se suele usar para todo tipo de platos salados, en ocasiones para platos dulces, pero no se usa mucho en bollería. No utilizarlo es una pena porque da muy buenos resultados y acostumbra a equilibrarse perfectamente con el sabor de la vainilla, por ejemplo, que suele quedar enmascarada con las mantequillas.

Este tipo de panecillos son ideales para los desayunos, solos o untados con un poco de miel. Sorprenderá a familiares e invitados.

- **350 g de harina T65**
- **2 cucharaditas de levadura natural**
- **55 g de aceite de oliva**
- **1 huevo**
- **3 cucharadas soperas de azúcar integral**
- **1 cucharadita de sal**
- **La pulpa de un bastón de vainilla**
- **130 g de leche**

La vainilla y el aceite de oliva combinan muy bien, pero también podemos usar agua de azahar en esta receta. Si lo hacemos, habrá que disminuir la cantidad de líquido.

Mezclar la harina con el azúcar, la sal, la vainilla y la levadura. Mezclar el aceite y la leche. Añadir el huevo a la harina y empezar a trabajar la masa, incorporando la leche tibia con aceite. Cuando la masa sea homogénea y flexible, se coloca en un ambiente bien cálido, tapada, durante 2 horas. Romper la masa y separar dos tiras alargadas. Trenzarlas entre ellas y colocar la trenza resultante sobre la placa del horno, previamente recubierta de papel de cocción. Se tapa la trenza y se deja fermentar 45 minutos en caliente.

Pasar un poco de leche sobre la trenza y espolvorear con azúcar integral, para que se forme una corteza crujiente durante la cocción. Meter en el horno precalentado a 180 °C durante 25 ó 30 minutos. Dejar que se enfríe sobre una parrilla.

BOLLO DE ALMENDRAS

Éste es un panecillo totalmente hecho con almendras, gracias a la leche de almendras que le aporta un toque esponjoso sin presencia de leche de origen animal, lo cual interesa para las personas con intolerancia a la lactosa. Así, este bollo resulta digestivo y delicioso para todos los golosos de la casa.

- 410 g de harina T65
- 90 g de harina de centeno T130
- 2 cucharaditas de sal
- 175 g de leche de almendras
- 125 g de agua tibia
- 1 cucharada sopera de puré de almendras blancas
- 3 cucharaditas de levadura natural
- 1 cucharadita de miel del bosque
- 2 puñados de almendras (20 g)

Para que sea aún más goloso, podemos tomar este panecillo con puré de almendras, con un poco de miel o con aceite y azúcar, durante los desayunos, que serán entonces energéticos y deliciosos.

Mezclar las harinas con la sal y la levadura. Echar la miel en una cacerola con la leche de almendras y calentar a fuego lento para que se aglutinen. Incorporar este líquido a las harinas y trabajar unos 10 minutos hasta obtener una masa flexible que no se pegue a los dedos. Cuando la masa tenga una buena consistencia, se añaden las almendras. Tapar luego la masa, colocada en una fuente, y dejar que fermente 2 horas en caliente.

Romper la masa para extraer el gas y formar una pelota con ella. Ponerla así en una *cocotte* forrada con papel sulfurizado y dejar que fermente 45 minutos más. Tapar la olla y meterla en el horno frío. Encenderlo después a 240 °C y hornear durante 50 minutos. Una vez cocido el panecillo, dejar que se enfríe sobre una parrilla.

PAN DE ANACARDOS

Este pan es ideal para hacer bocadillos, que gustarán a todo el mundo. Quedan muy bien con una salsa de miso o para acompañar verduritas crudas: solo con eso tendremos una comida completa, equilibrada y rica. El puré de anacardos aporta un sabor dulce que combina bien con la leche de avena.

- 500 g de harina T65
- 3 cucharaditas de levadura natural
- 1 cucharadita de sal
- 30 g de azúcar moreno
- 60 g de puré de anacardos
- 2 puñados de anacardos sin salar
- 300 g de leche de avena

Mezclar la harina, la sal, el azúcar y la levadura. Añadir el puré de anacardos y empezar a trabajar la masa incorporando progresivamente la leche de avena tibia. Cuando la masa sea flexible y no se pegue a las manos, añadir los anacardos. Dejar que fermente en caliente durante 2 horas. Romper la masa y formar una bola. Colocarla en una *cocotte* forrada con papel de cocción, tapar la olla y dejar que vuelva a fermentar 45 minutos. Practicar incisiones en el pan y meter la *cocotte* en el horno frío. Regular el termostato a 240 °C y cocer 50 minutos. Sacar el pan y dejar que se enfríe en una parrilla.

Panes del mundo

EL PANECILLO QUE SE COMIÓ UN POSTRE INDIO

¿Conoces la *halwa* hindú? No hay que confundirla con la *halwa* de Oriente Medio ni con la magrebí, que se componen de sésamo y pistachos, formando una masa muy dulce, aunque deliciosa, que debe consumirse con moderación. La *halwa* hindú, por el contrario, lleva más ingredientes y ofrece la posibilidad de muchas variaciones. En este caso la hemos transformado en un panecillo que gustará a grandes y pequeños.

Para el panecillo:
- 350 g de harina T65
- 1 cucharadita de levadura química
- 3 cucharadas soperas de azúcar integral
- 140 g de leche
- ½ cucharadita de cardamomo en polvo
- 1 cucharadita de sal
- 1 huevo
- 2 cucharadas soperas de puré de almendras
- 2 zanahorias ralladas

Mezclar la harina con el azúcar, el cardamomo, la sal y la levadura. Incorporar las zanahorias, el puré de almendras y el huevo. Trabajar la masa incorporando paulatinamente la leche tibia. Cuando la masa sea flexible y no se pegue, colocarla debajo de un paño, en caliente, y dejar que suba durante 2 horas. Preparar la crema de coco mientras fermenta la masa. Después, romper la masa y extenderla en forma de rectángulo. Repartir la crema de coco y espolvorear con pasas.

Enrollar hasta formar una especie de brazo de gitano y luego cortarlo a lo largo en dos partes largas. Trenzar ambas tiras, tapar la trenza con un paño y dejar que suba durante 45 minutos más. Precalentar el horno a 180 °C. Pintar el panecillo con un poco de leche y hornearlo de 25 a 30 minutos. Si el panecillo se dora muy rápido, lo taparemos con papel de cocción. Dejar enfriar sobre una parrilla.

Para la crema de coco:
- 1 yema de huevo
- 100 g de leche
- 20 g de azúcar
- 10 g de harina de arroz
- 6 cucharadas soperas de coco rallado
- 2 puñados de pasas de Corinto

Poner la leche a hervir. Batir con fuerza la yema con el azúcar y cuando blanquee, incorporar la harina. Echar la leche hirviendo sobre esta mezcla, volver a poner al fuego, esta vez lento, e incorporar el coco rallado.

HOGAZAS

Ésta es una receta que hace salir el sol. La hogaza hace hablar nuestra imaginación y vacía la despensa de tarros de olivas, salsas de tomates y demás.

Para dos hogazas:
- **400 g de harina T80**
- **220 g de agua**
- **2,5 cucharaditas de levadura natural**
- **3 cucharadas soperas de aceite de oliva**
- **1 cucharadita de sal**

Para el relleno:
Olivas negras o verdes, tomates confitados, piñones, dientes de ajo...

¡Atención! Hay que tener en cuenta la humedad del relleno antes de incorporar el agua a la masa. Las hogazas no se conservan mucho tiempo y se ponen duras rápido. Lo ideal es consumirlas el mismo día que salen del horno. Dejemos que la imaginación vuele a la hora de escoger el relleno. Las hogazas se sirven enteras en la mesa, acompañando ensaladas, o bien cortaditas a dados como aperitivo original.

Precalentar el horno a 220 °C. Mezclar la harina con la sal y la levadura. Añadir el aceite de oliva y trabajar la masa, incorporando el agua progresivamente. Cuando la masa sea homogénea y flexible, añadir el relleno escogido. Dejar que fermente 2 horas en caliente.

Romper la masa y separarla en dos bolas. Extenderlas ovalmente y practicar agujeros que perforen totalmente la masa, pero mantenerlos alejados de los bordes. Dejar que levanten de 20 a 25 minutos.

Pintar con aceite las hogazas y hornearlas entre 20 y 25 minutos tras haber pulverizado agua por las paredes del horno. Hay que vigilar la cocción porque no hay que dejar que se doren mucho.

LOS *MUFFINS* INGLESES

Contrariamente a otras recetas de panes, estos *muffins* están deliciosos calentitos y no hay problema en tomarlos así. Su conservación no es un problema. Degustados al estilo inglés, con huevos o como más os guste, combinan con casi todo, tanto con sabores dulces como con salados.

- 350 g de harina T80
- 2 cucharaditas de levadura natural
- 1 cucharadita de sal
- 1 cucharadita de miel
- 80 g de leche fermentada o de leche de cabra
- 130 g de agua

Mezclar la harina con la sal y la levadura. Diluir la miel en la leche y empezar a trabajar la masa. Incorporar progresivamente el agua hasta que la masa no sea pegajosa. Dejar que fermente bajo un paño limpio y seco durante 2 horas.

Romper la masa y extenderla con un rulo pastelero. Cortar círculos con ayuda de un vaso o un molde. Colocar los círculos de masa sobre la placa del horno enharinada y dejar que vuelvan a levantarse, bajo un paño, durante 45 minutos. Precalentar una sartén sin materias grasas y tostar los *muffins* entre 6 y 10 minutos por cada cara, a fuego lento.

Estos panecillos están riquísimos untados con queso y miel o con mermelada, pero en su versión salada saben aún mejor. Se pueden tomar fríos o calientes, o bien gratinados con queso rallado. Son ideales como **base para simpáticos bocadillos**, que se transportan con facilidad. Unas rodajas de Camembert, unos higos (secos o frescos) y un poco de ensalada, convierten estos *muffins* en un desayuno sano y sabroso, que puede acompañarse con fruta fresca. **Podemos variar los tipos de leche** de la receta, y así el sabor de los *muffins* variará. Si, con la misma masa, **queremos hacer panecillos más esponjosos**, deberemos variar las proporciones de leche respecto a las de agua. También podemos mezclar la harina de trigo con un poco de harina de centeno.

BAGELS

Lo que caracteriza estos *bagels* es su elasticidad y se conservan muy bien como panecillos individuales. Acompañan perfectamente las verduras adobadas, los escabeches y el queso a las finas hierbas.

- **500 g de harina T80**
- **290 g de agua**
- **3 cucharaditas de levadura natural**
- **2 cucharaditas de sal**
- **1 cucharadita de bicarbonato de sodio**
- **Semillas de sésamo, lino, amapola...**
- **1 cucharada sopera de azúcar integral**

En lugar de semillas, podemos echarles aceite de oliva y cebolla picada, la cual añadiremos cruda y fría, sobre los *bagels*, antes de hornearlos.

Mezclar la harina con la sal, el azúcar y la levadura. Amasar incorporando el agua paulatinamente. Cuando la masa quede flexible y homogénea, darle forma de bola y dejar que se levante 2 horas en caliente. Romper la masa y formar de 10 a 15 panes. Perforarlos en el centro y procurar que el agujero sea verdaderamente grande porque tras la segunda fermentación quedarán más pequeños y tras el horneado, aún más. Dejar que se levanten 45 minutos.

Precalentar el horno a 220 °C y poner 1 litro de agua, con el bicarbonato, a hervir. Sumergir los *bagels* en ese agua durante 30 segundos y colocarlos uno a uno sobre una placa de horno forrada con papel de cocción. Espolvorear por encima las semillas de sésamo, lino, amapola o las que más nos gusten. Hornearemos de 15 a 20 minutos vigilando la cocción. Dejar que los *bagels* se enfríen sobre una parrilla.

CORN BREAD:
PAN DE MAÍZ

El pan de maíz es emblemático en la cocina americana. Asociado a las pipas de girasol, es una verdadera delicia para tomarlo solo, tal cual, o untado con crema de chocolate, etcétera.

- 100 g de harina de maíz
- 400 g de harina de trigo
  o de espelta T80
- 2 cucharaditas de sal
- 4 cucharadas soperas
  de pipas peladas
- 2 cucharaditas de levadura natural
- 300 g de agua

Para conseguir un pan de miga amarilla, que se vea bien que es de maíz, podemos utilizar harina de altramuces, que además le dará un sabor a galleta muy interesante. También se puede usar polenta y mermelada de tomate como guarnición.

Mezclar las harinas con la sal y la levadura. Añadir las pipas y trabajar la masa incorporando progresivamente el líquido. Cuando la masa sea homogénea y flexible, formar una bola, taparla con un paño limpio y dejar que se levante durante 2 horas, en caliente (hasta que la masa doble su volumen).

Romper la masa y formar una bola. En este momento tenemos dos posibilidades: cocer en *cocotte*, siguiendo las recomendaciones de la página 19, o meter la masa en un molde para bizcochos. En función del tamaño de los moldes que tengamos en casa, nos saldrán uno o dos panes. Si vamos a usar un molde rectangular, primero lo forraremos con papel de cocción. Luego tapamos la masa con un paño y dejamos que fermente de nuevo 1 hora más.

Precalentar el horno a 220 °C. Pasaremos un poco de agua por encima del pan y pulverizaremos agua por las paredes del horno. Inmediatamente hornearemos el pan entre 30 y 40 minutos, vigilando la coloración que adquiera, por si se dora muy pronto y tenemos que taparlo con papel de cocción. Desmoldamos el pan y lo dejamos reposar sobre una parrilla hasta que se enfríe.